BEI GRIN MACHT SICH IHR WISSEN BEZAHLT

- Wir veröffentlichen Ihre Hausarbeit,
  Bachelor- und Masterarbeit

- Ihr eigenes eBook und Buch -
  weltweit in allen wichtigen Shops

- Verdienen Sie an jedem Verkauf

Jetzt bei www.GRIN.com hochladen
und kostenlos publizieren

Bibliografische Information der Deutschen Nationalbibliothek:

Die Deutsche Bibliothek verzeichnet diese Publikation in der Deutschen National-
bibliografie; detaillierte bibliografische Daten sind im Internet über http://dnb.d-
nb.de/ abrufbar.

Impressum:

Copyright © 2009 GRIN Verlag, Open Publishing GmbH
Druck und Bindung: Books on Demand GmbH, Norderstedt Germany
ISBN: 9783640631827

Dieses Buch bei GRIN:

http://www.grin.com/de/e-book/151676/prozesskostenrechnung-im-kostenmanage-
ment

Philip Sipos

Prozesskostenrechnung im Kostenmanagement

GRIN Verlag

GRIN - Your knowledge has value

Der GRIN Verlag publiziert seit 1998 wissenschaftliche Arbeiten von Studenten, Hochschullehrern und anderen Akademikern als eBook und gedrucktes Buch. Die Verlagswebsite www.grin.com ist die ideale Plattform zur Veröffentlichung von Hausarbeiten, Abschlussarbeiten, wissenschaftlichen Aufsätzen, Dissertationen und Fachbüchern.

Besuchen Sie uns im Internet:

http://www.grin.com/

http://www.facebook.com/grincom

http://www.twitter.com/grin_com

Kostenmanagement mit der Prozesskostenrechnung

Hausarbeit zur Vorlesung Kostenanalyse

WS 2009/2010

Sipos, Philip

Tübingen

Abgabe: 07.12.2009

Inhaltsverzeichnis

1. Einleitung

Im Rahmen dieser Arbeit, welche ergänzend zur Vorlesung 'Kostenanalyse' bei PD Dr. Clemens Werkmeister erstellt wird, soll das Verfahren der Prozesskosten-rechnung als Kostenmanagementinstrument betrachtet werden. 1997 wurde in einer Pressemitteilung zum Thema 'Kostenmanagement statt Kostenrechnung' verkündet, dass „*die meisten Unternehmen [...] erkannt [hätten], daß [!] [...] bloße Ermittlung und Verrechnung der Kosten über den Einsatz der traditionellen Kosten[rechnung] [...] zur Sicherung der Wettbewerbsfähigkeit nicht mehr ausreich[e]*".[1] Nach Möglichkeiten suchend Wettbewerbsfähigkeit zu sichern und effektives Kosten-management zu gewährleisten, sind unter anderem mit Target Costing, Bench-marking, Outsourcing und Prozesskostenrechnung eine Vielzahl von Methoden entwickelt worden um den zunehmenden Anforderungen an das Kostenmanagement gerecht zu werden. Mit dem Fokus auf der Prozesskostenrechnung wird zunächst eine Begriffsbestimmung erfolgen, sowie eine Abgrenzung von Kostenrechnung und Kostenmanagement vorgenommen. Im Anschluss wird auf die Grundlagen der Prozesskostenrechnung eingegangen und die Eignung als Verfahren für das Kostenmanagement untersucht. Abschließend soll eine kritische Analyse der Prozesskostenrechnung im Rahmen des Kostenmanagements erfolgen, sowie ein Fazit ausgesprochen werden.

2. Definitionen

2.1 Prozesskostenrechnung

Die Prozesskostenrechnung zielt darauf ab Gemeinkosten von Vorgängen, also Prozessen und Aktivitäten, konsequent über direkte Bezugsgrößen (Cost Driver) zu verrechnen. Ein Merkmal von Prozessen ist deren repetitiver Charakter. Cost Driver dienen als Maßgrößen für die Vorgangsmengen. Dabei kann eine kostenstellen-spezifische Abgrenzung der Prozesse und ihrer Cost Driver vorgenommen werden. Man spricht in diesem Fall von Teilprozessen. Teilprozesse werden in leistungsmengeninduzierte und leistungsmengenneutrale Prozesse unterteilt.

---

[1] Hardt, Rosemarie: Pressemitteilung bei Informationsdienst Wissenschaft: Kostenmanagement statt Kostenrechnung. Online im Internet: http://idwonline.de/pages/de/news687. Abfrage: 01.11.2009, 11.16 Uhr.

Oftmals erfolgt eine kostenstellenübergreifende Zusammenfassung zu Haupt-
prozessen.[2]

2.2 Differenzierung Kostenrechnung und Kostenmanagement

Unter dem Begriff der klassischen Kostenrechnung versteht man eine Vielzahl von
Systemen zur Ermittlung realisierter und Prognose zukünftig erwarteter Kosten. Sie
ist eine kalkulatorische Rechnung, deren Wertansatz rechnungs- beziehungsweise
entscheidungszielabhängig sein soll.[3] Während bei der Kostenrechnung die
tatsächlichen Kosten im Vordergrund stehen, wird im Kostenmanagement die
zukunftsgerichtete Frage gestellt, was Leistungen Kosten dürfen. Steht die
*„Ermittlung und Zurechnung der Kosten auf die Bezugsobjekte im Rahmen
gegebener Kapazitäten, Produktionsverfahren und Produktionsspezifikationen"*[4] im
Vordergrund, zieht man die traditionelle Kostenrechnung in Betracht. Sieht man
Kosten als *„Gegenstand von Kostenbeeinflussungsmaßnahmen"*[5] an, spricht man von
Kostenmanagement. Dieses überquert die Grenzen der Kostenrechnung. So basiert
ein erfolgreiches Kostenmanagement auf einer zuverlässigen Kostenrechnung. Der
Umkehrschluss gilt jedoch nicht.[6] Mittels Kostenrechnung erhält man also
Basisregelgrößen. Die Erweiterung zum Kostenmanagement erfolgt über
Verknüpfung dieser mit Regelstrecken wie auch Führungsgrößen.[7]

3. Grundlagen Prozesskostenrechnung

3.1 Entstehung und Entwicklung der Prozesskostenrechnung

In Folge der innerbetrieblichen Dynamik und Entwicklung, insbesondere in Bezug
auf zunehmende Automatisierung und Rationalisierung im Zuge der Globalisierung
und raschen technologischen Entwicklung, ebenso wie der Zunahme der

---

[2] vgl. Werkmeister; Clemens: Skript zur Vorlesung Internes Rechnungswesen. Universität Tübingen
2009. S. 60.
[3] vgl. Schweitzer, Marcell und Küpper Hans-Ulrich: Systeme der Kosten- und Erlösrechnung. 8.
Auflage, Tübingen/München 2003. S.41.
[4] Hardt, Rosemarie: Kostenmanagement: Methoden und Instrumente. 2. Auflage, München/Wien
2002. S.7.
[5] Hardt, Rosemarie: Kostenmanagement: Methoden und Instrumente. 2. Auflage, München/Wien
2002. S.7.
[6] vgl. Posluschny, Peter und Treuner, Felix: Prozesskostenmanagement: Instrumente und
Anwendungen-mit Fallbeispielen und Übungen. München, 2009. S.5.
[7] vgl. Löcker, Markus: Integration der Prozesskostenrechnung in ein ganzheitliches Prozess- und
Kostenmanagement. Berlin 2007. S.33.

Komplexität, was Produktions- und Absatzprogramme betrifft, kann eine fundamentale Verschiebung der Kostenstrukturen beobachtet werden. Auf Grund des höheren Automatisierungsgrades in Produktion und Fertigung, gekoppelt mit der Zunahme von planenden, steuernden und überwachenden Tätigkeiten, unterliegt die Kostenstruktur einem Wandel. Dieser erfolgt über bisher hohe Einzelkostenanteile hin zu zunehmenden Gemeinkostenanteilen.[8] Traditionelle Kostenrechnungssysteme waren nicht in der Lage befriedigende Lösungen bereitzustellen.[9] Grundbausteine für die Entwicklung einer Prozesskostenrechnung legten MILLER und VOLLMANN in ihrem 1985 publizierten Artikel 'hidden factory'. KAPLAN und COOPER verfeinerten den Ansatz und prägten Begriffe wie 'Activitiy-Based Costing' oder 'Transaction-Costing'. Der Begriff 'Prozesskostenrechnung' an sich -in Anlehnung an 'Transaction-Costing'- ist auf HORVÀTH und MAYER zurückzuführen.[10] Hierbei ist jedoch zu erwähnen, dass die Prozesskostenrechnung kein gänzlich neues Verfahren darstellt, sondern vielmehr Züge einer Vollkostenrechnung aufweist und sich einer Kostenarten- und Kostenstellenrechnung bedient.

3.2   Zielsetzung der Prozesskostenrechnung

Primäres Ziel der Prozesskostenrechnung ist es für größere Kostentransparenz in indirekten Leistungsbereichen einer Unternehmung, der 'hidden factory', zu sorgen. Insofern sollen Schwachstellen traditioneller Kostenrechnungssysteme bereinigt werden. Zudem sollen Kosteninformationen für die mittel- beziehungsweise langfristige Planung und Steuerung, worunter eine Verbesserung der Produktkalkulation oder Kostensenkungsmaßnahmen zu verstehen sind, bereitgestellt werden. Ebenso beabsichtigt man zielorientierte Informationen für die Kontrolle der Gemeinkosten und Sicherung der Wirtschaftlichkeit im indirekten Leistungsbereich zu liefern.[11]

3.3   Abgrenzung zur flexiblen Plankostenrechnung

---

[8]   vgl. Posluschny, Peter und Treuner, Felix: Prozesskostenmanagement: Instrumente und Anwendungen-mit Fallbeispielen und Übungen. München, 2009. S.5.
[9]   vgl. Riebel, Paul: Einzelkosten- und Deckungsbeitragsrechnung. 7. Auflage, Wiesbaden 1997. S.704.
[10]   vgl. Götze, Uwe et.al.: Kostenmanagement: Aktuelle Konzepte und Anwendungen. Berlin et.al. 1997. S.144.
[11]   vgl. Schweitzer, Marcell und Küpper Hans-Ulrich: Systeme der Kosten- und Erlösrechnung. 8. Auflage, Tübingen/München 2003. S. 348.

Die Grundform der Prozesskostenrechnung gleicht methodisch einer Plankostenrechnung auf Vollkostenbasis. Sie wird als Ergänzung zu bereits vorliegenden Kosten- und Leistungsrechnungssystemen angewandt. Allerdings werden der Prozesskostenrechnung keine kurzfristigen Modelle zu Grunde gelegt, was sie von der flexiblen Plankostenrechnung differenziert. Auch werden im Gegensatz zur flexiblen Plankostenrechnung kontinuierlich direkte Bezugsgrößen verwendet. Ein weiterer essentieller Unterschied, der unter Gliederungspunkt 4.1 aufgegriffen wird, ist die Tatsache, dass die flexible Plankostenrechnung Kosten der Ressourcenbereitstellung, die Prozesskostenrechnung demgegenüber Kosten der Ressourcennutzung aufdeckt.[12]

4. Eignung der Prozesskostenrechnung als Verfahren des Kostenmanagement

4.1 Anwendung der Prozesskostenrechnung im Kostenmanagement

Als effizientes Kostenmanagement wird „*die rechnerische Erfassung und Abbildung [...] zu beeinflußende[r] Kostengrößen*"[13] angesehen. Will man eine zielorientierte Beeinflussung der Gemeinkosten vornehmen, ist es unabdingbar Kosten, die durch fertigungs- und vertriebsunterstützende Prozesse entstehen, aber produktions-mengenunabhängig sind (Komplexitätskosten), einer möglichst die realen Sachverhalte wiedergebende Schlüsselung zu unterziehen. Die Bildung sogenannter Prozesskostensätze ist für durchdachtes Kostenmanagement von zentraler Bedeutung.[14] Komplexitätskosten bilden einen Großteil der Gemeinkosten. Aus diesem Grund wirken sich falsche Schlüsselungen als besonders verheerend für auf der Kostenverteilung aufbauende Entscheidungen aus. Um Komplexitätskosten sinnvoll abbilden zu können, muss die Kosten- und Leistungsrechnung in der Lage sein Kosten der Ressourcennutzung bestmöglich wiederzugeben. Dazu ist die Prozesskostenrechnung viel eher als die flexible Plankostenrechnung imstande. Mit Hilfe der Prozesskostenrechnung wird die Kostentransparenz in indirekten Leistungsbereichen erheblich erhöht. Zu beachten ist jedoch, dass Kostenhöhen nicht

---

[12]vgl. Hardt, Elisabeth: Kostenmanagement: Methoden und Instrumente. 1. Auflage, München/Wien 1998. S.220 ff.

[13] Hardt, Elisabeth: Kostenmanagement: Methoden und Instrumente. 1. Auflage, München/Wien 1998. S.240.

[14] vgl. Coenenberg, Adolf G. et al.: Kostenrechnung und Kostenanalyse. 7. Auflage, Augsburg et al. 2009. S. 158.

direkt über Prozesskostenrechnungen beeinflusst werden, da Kosten aus bestehenden Basissystemen der Kosten- und Leistungsrechnung -wozu unter anderem die flexible Plankostenrechnung zählt- übernommen werden. Wichtig für zweckdienliche, zielorientierte Entscheidungsfindungen seitens des Kostenmanagements sind verursachungsgerechte Kalkulationen. Die Anwendung der Prozesskostenrechnung wird dieser Anforderung gerecht, da sie neben der Verwendung von Mengengrößen als Cost Driver auch Informationen über die Komplexität hinsichtlich der Produkte, wie zum Beispiel Los-, Auftragsgröße oder Anzahl der Produktvarianten, berücksichtigt. Doch für welche Unternehmen scheint ein derartig ausgerichtetes Kostenmanagement sinnvoll? Offensichtlich ist, dass es sich um Unternehmen handeln muss, welche sich durch hohe Gemeinkostenanteile auszeichnen. Folglich könnte man insbesondere an Unternehmen im Dienstleistungsbereich mit *„relativ heterogene[r] Produkt- und Kundenstruktur"*[15] denken. Die Beschränkung der Prozesskostenrechnung auf die 'hidden factory' macht es erforderlich diese in ein ganzheitliches Kostenrechnungssystem zu implementieren.[16]

4.2   Kritische Beurteilung

Ein erwähnenswerter für die Anwendung der Prozesskostenrechnung sprechender Vorteil ist die Tatsache, dass diese nicht periodisch ausgelegt ist. Insofern ist die Prozesskostenrechnung keine kurzfristige Rechnung. Dies ist eine wünschenswerte Eigenschaft für das Management, welches nicht ausschließlich von Periode zu Periode agieren, sondern langfristige den Unternehmenserfolg steigernde Entscheidungen treffen will. Außerdem fördert sie nach COENENBERG das Konzept des 'Responsibilitiy Accounting'.[17] Es ist jedoch zu beachten, dass die Prozesskostenrechnung kein eigenständiges Kosten- und Leistungsrechnungssystem darstellt, sondern vielmehr als *„ergänzende Systemkomponente"*[18] aufzufassen ist. Die Anwendung der Prozesskostenrechnung unterliegt einer einschneidenden Restriktion, nämlich der Begrenzung auf sich wiederholende fest strukturierte Arbeitsabläufe (Repetitivität). Zusätzlich kann man bemängeln, dass die

[15] Posluschny, Peter und Treuner, Felix: Prozesskostenmanagement: Instrumente und Anwendungen-mit Fallbeispielen und Übungen. München, 2009. S.15.
[16] vgl. Götze, Uwe et.al.: Kostenmanagement: Aktuelle Konzepte und Anwendungen. Berlin et.al. 1997.S. 146 ff.
[17] vgl. Coenenberg, Adolf G. et al.: Kostenrechnung und Kostenanalyse. 7. Auflage, Augsburg et al. 2009. S. 169.
[18] Hardt, Elisabeth: Kostenmanagement: Methoden und Instrumente. 1. Auflage, München/Wien 1998. S.238.

6

Prozesskostenrechnung in ihrer Aussagekraft, was Ergebnisse betrifft, beschränkt sei. Es sei denn, die harte Prämisse der Proportionalität von Prozesskosten zu Bezugsgrößenmenge wird nicht verletzt und alle relevanten Teilprozesse sind erfasst. Ebenso ist im Hinblick auf die unter Umständen nicht gegebene Proportionalität darauf hinzuweisen, dass es zu Verrechnungen von Fixkosten kommt und somit eine Vollkostenrechnung, verbunden mit all deren Nachteilen, vorliegt. Prozesskostensätze enthalten als durchschnittliche Kosten also stets Fixkostenanteile. Von Vorteil ist hierbei jedoch, dass die Fixkosten überhaupt einer Analyse unterzogen werden.[19] Zudem sind Prozesskostensätze sowohl für das Benchmarking als auch was Make-or-Buy Entscheidungen anbelangt hilfreich. Ein wesentlicher Nachteil der Prozesskostenrechnung ist der mit ihrer Implementierung verbundene Zeitaufwand. Dieser wurde von GÖPFERT und RUMMELT (1988) für die 90er Jahre auf drei Mannjahre geschätzt. Mittlerweile habe sich der Aufwand auf drei bis sechs Mannmonate reduziert.[20] Als schließender Kritikpunkt sei darauf hingewiesen, dass vor Anwendung des Verfahrens stets Überlegungen anzustellen sind, ob die durch Prozesskostenrechnung gewonnenen Erkenntnisse in einem angemessenen wirtschaftlichen Verhältnis zu vergleichsweise kost- und zeitintensivem Durchführungsaufwand stehen.

4.3   Schließendes Fazit

Zusammenfassend lässt sich festhalten, dass mit der Prozesskostenrechnung durchaus ein wirkungsvolles aber nicht gänzlich eigenständiges Instrument des Kostenmanagements zur Verfügung steht, welches bezweckt Gemeinkosten von Unternehmen einer opportunen Analyse zu unterziehen, zu steuern und eine möglichst verursachungsgerechte Verteilung auf Produkte und Dienstleistungen vorzunehmen. Es sei darauf hingewiesen, dass für besonders komplexe Prozessstrukturen Erweiterungen der ursprünglichen Prozesskostenrechnung möglich sind, wie zum Beispiel das Time-Driven-Activity Based Costing.[21] Zur Bereitstellung von Plandaten auf mittel- bis langfristiger Basis bezugnehmend auf strategische Zielsetzungen ist insofern eine Implementierung der Prozess-

---

[19] vgl. Götze, Uwe et al.: Kostenmanagement: Aktuelle Konzepte und Anwendungen. Berlin et al. 1997. S. 162 ff..
[20] vgl. Coenenberg, Adolf G. et al.: Kostenrechnung und Kostenanalyse. 7. Auflage, Augsburg et al. 2009. S. 156 ff.
[21] vgl. Coenenberg, Adolf G. et al.: Kostenrechnung und Kostenanalyse. 7. Auflage, Augsburg et al. 2009. S.161.

kostenrechnung in das Basissystem der flexiblen Plankostenrechnung, die lediglich operative Zielsetzungen des Managements mit zufriedenstellenden Informationen versorgt, zu empfehlen.

8

5. Literaturverzeichnis und Quellenangabe

[1] Coenenberg, Adolf G. et al.: Kostenrechnung und Kostenanalyse. 7. Auflage, Augsburg et al. 2009.

[2] Götze, Uwe et.al.: Kostenmanagement: Aktuelle Konzepte und Anwendungen. Berlin et.al. 1997.

[3] Hardt, Rosemarie.: Kostenmanagement: Methoden und Instrumente. 2. Auflage (1.Auflage), München/Wien 2002 (1998).

[4] Hardt, Rosemarie: Pressemitteilung bei Informationsdienst Wissenschaft: Kostenmanagement statt Kostenrechnung. Online im Internet: http://idwonline.de/pages/de/news687. Abfrage: 01.11.2009, 11.16 Uhr.

[5] Löcker, Markus: Integration der Prozesskostenrechnung in ein ganzheitliches Prozess- und Kostenmanagement. Berlin 2007.

[6] Posluschny, Peter und Treuner, Felix: Prozesskostenmanagement: Instrumente und Anwendungen-mit Fallbeispielen und Übungen. München, 2009.

[7] Riebel, Paul: Einzelkosten- und Deckungsbeitragsrechnung. 7. Auflage, Wiesbaden 1997.

[8] Schweitzer, Marcell und Küpper Hans-Ulrich: Systeme der Kosten- und Erlösrechnung. 8. Auflage, Tübingen/München 2003.

[9] Werkmeister; Clemens: Skript zur Vorlesung Internes Rechnungswesen. Universität Tübingen 2009.